KU-547-583

BAUSTEINE

Spracharbeitsheft Teil C
mit Methodenheft

3

Herausgegeben von
Gabriele Hinze

Erarbeitet von
Björn Bauch, Kirchzarten
Ulrike Dirzus, Kamen
Gabriele Hinze, Metelen
Daniela Reinker, Metelen

Diesterweg

Inhalt

Diese Zeichen findest du in deinem Spracharbeitsheft Teil C:

Aufgaben

↻ abschreiben, wiedergeben und ausführen

↺ anwenden, nachdenken und üben

↺ weiterdenken, forschen und begründen

◠ Auswahlaufgabe

◯ Aufgabe für alle

Rechtschreibstrategien

Ⓦ Wörter in Silben schwingen und deutlich sprechen

Ⓝ↑ Nomen großschreiben

↪ Wörter verlängern

Ⓩ Wörter ableiten

Ⓜ Merkwörter

● Länge des Selbstlautes prüfen

Kompetenzen der Seite

KV	= Kopiervorlagen (Digitales Lehrermaterial)
MP Fö	= Materialpaket Fördern
MP Fr	= Materialpaket Freiarbeit

LST	= Lernstandserhebungen (Digitales Lehrermaterial)
LSW	= Lernsoftware
RS	= Trainingsheft Rechtschreibung

Überlege, ob du diese Arbeit in deinem Portfolio sammeln willst.

 Ich bin Quiesel und gebe dir viele Tipps.

Nutze ein Heft, um die Aufgabe zu bearbeiten.

Auf diesen Seiten im Methodenheft erklärt dir Quiesel, wie du vorgehst.

 W Das sind die Übungswörter des Kapitels.

 Tipp Nutze die Schreibtipps, um deine Texte noch besser zu machen.

 ! In den Merkkästen werden die Fachbegriffe erklärt.

Familiengeschichten

(1) Welche Geschichte interessiert dich besonders? Markiere.

Worum geht es?

Was geschieht nacheinander?

(2) Die Kärtchen helfen dir, die Geschichte zu erzählen.
Schreibe Stichpunkte dazu.

– funktionsangemessen sprechen:
  erzählen
– Erzählmuster nutzen

– MP Fr, Stationenpäckchen 4

Kennt ihr eigentlich die Geschichte, als Opa in den Bach gefallen ist? Also, das war so ...

Ich erzähle euch die Geschichte von der Nuss. Mein Bruder und ich hatten Haselnüsse. Und wir wollten nicht teilen. Ben hat sich sogar eine Nuss in die Nase gesteckt, damit ich sie nicht bekomme. Aber dann kam die Nuss nicht mehr aus der Nase ...

Sprechtipps
- Erzähle laut genug.
- Sprich klar und deutlich.
- Betone wichtige Wörter besonders.

Wie geht die Geschichte zu Ende?

 Wie könnte die Geschichte zu Ende erzählt werden?
Schreibe Stichpunkte dazu.

2 Erzählt euch gegenseitig. Beachtet die Sprechtipps.

Texte schreiben: Brief

1

Hallo Oma,
ich habe Dich schon angerufen.
Aber Du gehst nicht ans Telefon. Deshalb
schreibe ich Dir einen Brief. Gestern hatten
wir Besuch. Alle haben Geschichten erzählt.
Das war sehr schön. Ich habe gut zugehört.
Ich mag Geschichten aus unserer Familie.
Du warst leider nicht da. Schade.
Tschüss

Anredepronomen
in Briefen:
• du/Du
• Sie

2

Rotdorf, den 11. 03.
Liebe Oma,
gestern waren Tante Anna und Onkel Juri zu
Besuch. Das war ein schöner Nachmittag.
Alle haben Geschichten aus der Familie er-
zählt. Leider warst Du nicht da. Ich möchte
gern wissen, wie Du Opa kennengelernt hast.
Kannst Du mir die Geschichte erzählen oder
aufschreiben und zuschicken?
Ich mache mir jetzt nämlich ein Buch
mit Familiengeschichten.
Ganz lieben Dank und Kuss von
Emma

**Regeln
für einen Brief**
• Ort und Datum
• Anrede und
  Komma
• Anredepronomen
• Grußformel
• Unterschrift

(1) Was will Emma wissen?

(2) Wie unterscheiden sich die beiden Briefe?
Hat Emma die Regeln eingehalten? Markiere farbig.

(3) Welchen Brief soll Emma abschicken? Kreuze an.

(4) Schreibe einen Brief an ein Mitglied deiner Familie.
Beachte die Regeln.

6

– kommunikative Absichten erkennen
– Wirkung textsortenspezifischer
  Merkmale nutzen: Brief

– KV 58
– MP Fö, KV 163, KV 164
– MP Fr, Stationenpäckchen 4

– LST 6

Texte überarbeiten: Brief

> 05.04. Liebe Grüße Deine Emma
> wie geht es Dir?
> Weißt Du, wie sich Oma und Opa
> kennengelernt haben?
> Ich bin ganz gespannt
> auf Deine Antwort.
> Liebe Tante Ella, Rotdorf, den

Ich bin Emma Kabisch. Ich wohne in der Berliner Straße 3 in 99001 Rotdorf.

1 Was ist in dem Brief durcheinandergeraten? Markiere.

2 Schreibe den Brief richtig auf.

Das ist meine Tante Ella Kabisch. Sie wohnt im Goetheweg 4 in 01105 Stadtburg.

3 Schreibe die Anschrift auf den Briefumschlag.

Texte überarbeiten: Brief

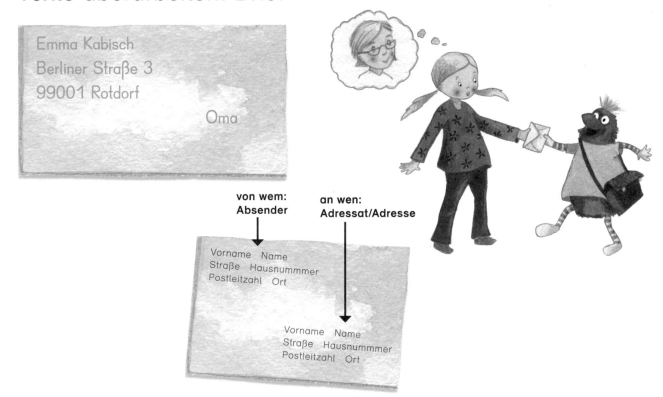

1 Warum gibt Quiesel Emma den Brief zurück?

Kabisch, Johann
Amselweg 2
50505 Vogelstadt

Pankina, Ella
Alexanderplatz 4
99085 Bergsee

Völker, Biggi (Oma)
Ratstr. 218
25761 Bad See

2 Wem möchte Emma den Brief schicken? Suche die Adresse.
Beschrifte den Briefumschlag vollständig.

----

3 Beschrifte einen Umschlag für deinen Brief.

4 Überarbeite deinen Brief und schicke ihn ab.

– sprachliche Mittel untersuchen
– Bedingungen schriftlicher
  Kommunikation berücksichtigen

– KV 58, KV 59
– MP Fö, KV 163, KV 164
– MP Fr, Stationenpäckchen 4

– LST 6

Dialekte kennenlernen

Dialekt aus Bayern

Muich
Erdäpfe
Fleischpflanzerl
Äpfe

Dialekt aus Hessen

Milsch
Kadoffel
Frigadell
Äbbelsche

1. Schreibe die Bedeutung der Wörter in Hochdeutsch zwischen die Einkaufszettel.

2. Wird bei euch Dialekt gesprochen? Sammelt Wörter und tauscht euch aus.

Redensarten verstehen und verwenden

Du stehst auf dem Schlauch.

Ich verstehe gar nichts!

1 Was bedeutet „Du stehst auf dem Schlauch."? Erkläre die Redensart.

Unter einer Decke stecken

Tomaten auf den Augen haben

Alles richtig zu Ende machen

Etwas nicht sehen oder bemerken

Nägel mit Köpfen machen

Sich mit fremden Federn schmücken

Sich mit guten Dingen vor anderen hervortun

Gemeinsame Sache machen

Katzenwäsche machen

Ins Fettnäpfchen treten

Beim Waschen kaum Wasser benutzen

Jemanden ohne Absicht beleidigen oder verletzen

2 Welche Redensart hat welche Bedeutung?
Ordne die Paare zu und markiere mit derselben Farbe.

– bildhafte Ausdrücke/Redensarten
kennen und verstehen
– über Verstehensprobleme sprechen

– KV 61

– LSW, Übung 19

10

Redensarten verstehen und verwenden

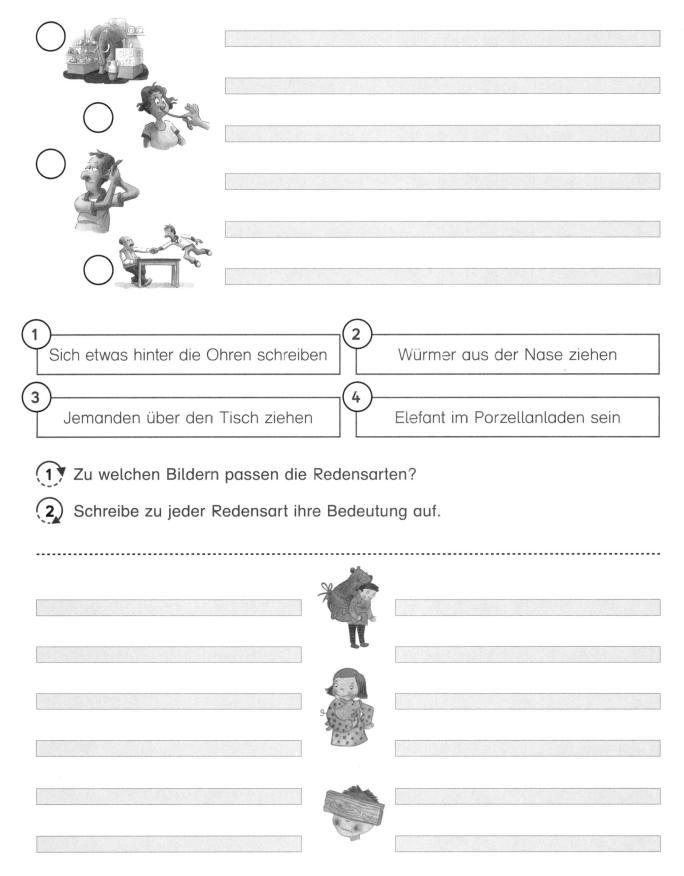

Wortbausteine verwenden: ver-, vor-

ver		ver		ver		ver	
vor	fahren	vor	laufen	vor	spielen	vor	lesen

ver		ver		ver		ver	
vor	schreiben	vor	stellen	vor	malen	vor	folgen

ver		ver		ver		ver	
vor	machen	vor	loben	vor	heiraten	vor	schwinden

ver		ver		ver		ver	
vor	rollen	vor	bereiten	vor	zeigen	vor	sehen

(1) Bilde sinnvolle Verben mit den Wortbausteinen ver- und vor-. Markiere.

> lesen sagen geben fahren nehmen schreiben tragen

	vor Zuhörern lesen	nicht richtig lesen	
	zuflüstern	scheitern	
	ein Referat halten	sich einigen	
	als Erster losfahren	sich verirren	
	befehlen	falsch schreiben	
	etwas tun wollen	ausfragen	
	so tun als ob	verzeihen	

(2) Welche Wörter sind gesucht? Bilde Wörter mit ver- und vor-
und trage sie an der passenden Stelle ein.

(3) Schreibe mit den neu gebildeten Verben Sätze.

– Möglichkeiten der Wortbildung   – KV 62   – LSW, Übung 20
  kennen und anwenden   – MP Fö, KV 55, KV 56   – RS, Seite 16
– Wortbausteine verwenden   – MP Fr, Stationenpäckchen 7

Wortbausteine verwenden: -ieren

1

Onkel Juri ist Friseur. Tante Anna ist Fotografin. Oskar ist Student.

Oma spricht am Telefon. Opa ist Trainer. Pauli zerlegt den Apfel

in zwei Hälften. Ben beißt zur Probe in den Apfel. Onkel Johann

ist Dirigent. Mia löst Alarm bei der Feuerwehr aus. Leo reitet

am liebsten im Galopp.

1 frisieren **2** halbieren **3** probieren **4** trainieren **5** telefonieren		
6 fotografieren **7** studieren **8** dirigieren **9** alarmieren **10** galoppieren		

1 Welche Nomen aus dem Text passen zu den Verben? Ordne zu.

der Friseur – frisieren,

2 Schreibe Nomen und Verben zusammen auf.

– Möglichkeiten der Wortbildung   – KV 63   – LSW, Übung 20
   kennen und anwenden   – MP Fö, KV 29, KV 30
– Wortbausteine anwenden   – MP Fr, Stationenpäckchen 7

13

M Rechtschreibstrategien verwenden: Merkwörter

aa ee oo

H██r S██l° M██r p██r S██
W██ge F██ ld██ Kl██ S██t
M██s T██r P██r l██r B██re
Schn██ B██t Z██ T██ M██r

1 Welche Wörter mit doppeltem Selbstlaut findest du?
Setze ein.

2 Schreibe die Wörter mit doppeltem Selbstlaut auf.
Schreibe bei den Nomen den Artikel dazu.

– Rechtschreibstrategien verwenden: – KV 64   – LST 31
   Merkwörter mit Doppelvokal   – MP Fö, KV 63, KV 64, KV 186   – RS, Seite 17
– geübte Wörter normgerecht schreiben   – MP Fr, Stationenpäckchen 6

(M) Rechtschreibstrategien verwenden: Merkwörter

S●●l

l●●r   P●●r   Z●●   ●●l

d●●f   M●●s

M●●r

p●●r   St●●t   ld●●

aa
ee
oo

(1) Wie heißen die Wörter mit doppeltem Selbstlaut? Schreibe sie auf.

aa	ee	oo

(2) Ordne die Wörter nach den doppelten Selbstlauten.

– Rechtschreibstrategien verwenden: – KV 64   – LST 31
  Merkwörter mit Doppelvokal   – MP Fö, KV 63, KV 64, KV 186   – RS, Seite 17
– geübte Wörter normgerecht schreiben   – MP Fr, Stationenpäckchen 6

15

Wichtige Wörter richtig schreiben

der Zoo   vorsehen   alle   die Vorsehung   das Telefon

der See   die Familie   endlich   die Wortfamilie   das Ende

das Haar   leihen   der Allesfresser   der Streichelzoo   fast

telefonieren   gehen   der Seeräuber   der Gehweg   fasten

fotografieren   stehen   das Katzenhaar   der Stehplatz

verspäten   die Verspätung   der Fahrradverleih   der Fotograf

1 Welche beiden Wörter sind aus derselben Wortfamilie?
Male diese Felder in derselben Farbe an.

der Zoo – der Streichelzoo,

2 Schreibe die beiden Wörter aus derselben Wortfamilie nacheinander auf.

– geübte, rechtschreibwichtige Wörter
normgerecht schreiben

– LSW, Übung 21

Mit der Profikarte Wörter üben

	Profikarte 9					
fotografieren	☆ ☆ ☆ ☆	☆	alle	☆ ☆ ☆ ☆	☆
das Haar	☆ ☆ ☆ ☆	☆	endlich	☆ ☆ ☆ ☆	☆
der See	☆ ☆ ☆ ☆	☆	die Familie	☆ ☆ ☆ ☆	☆
telefonieren	☆ ☆ ☆ ☆	☆	fast	☆ ☆ ☆ ☆	☆
sich verspäten	☆ ☆ ☆ ☆	☆	gehen	☆ ☆ ☆ ☆	☆
sich vorsehen	☆ ☆ ☆ ☆	☆	leihen	☆ ☆ ☆ ☆	☆
der Zoo	☆ ☆ ☆ ☆	☆	stehen	☆ ☆ ☆ ☆	☆

1 Markiere die für dich schwierigen Stellen in den Übungswörtern.

2 Trage die Strategiezeichen ein, die dir helfen,
die Wörter richtig zu schreiben.

3 Übe die Wörter.

Profikarte
→ Seite 5

Ein Tag im Zoo

Wir machen einen Familienausflug. Es geht in
den Zoo. Wie verabredet sind alle da. Nur Lea
nicht. Sie kommt häufig verspätet. Lea hat rotes
Haar. Alle suchen sie in der Menge. Sie steht
unter einem großen Baum und telefoniert.
Endlich sind alle da. Mama will uns fotografieren.
Dann laufen Onkel Juri und ich zum See.
Onkel Juri leiht einen kleinen Kahn für uns.
Beim Rudern muss er sich vorsehen. Fast wäre
er ins flache Wasser gefallen. Die anderen
gehen ins warme Schlangenhaus. Am Ende
des Tages treffen wir uns am Ententeich wieder.

Abschreiben
→ Seite 3

4 Schreibe den Text ab.
Unterstreiche alle Wörter, die du besonders üben willst.

– geübte, rechtschreibwichtige Wörter normgerecht schreiben	– KV 65, KV 90	– LSW, Übung 21
– methodisch sinnvoll abschreiben		

17

Wortbausteine verwenden: ver-, vor-

lesen   sprechen   raten   spielen   stellen   fahren
schlafen   blättern   warnen   legen   schreiben   nehmen   binden
kriechen   singen   sorgen   stecken   lassen   speisen   heiraten
treten   malen   kochen   brennen   hören   achten
sinken   losen   holen   eilen   finden   zeigen   schlagen

1 Wähle eine Aufgabe aus:

↻ Welche sinvollen Verben mit ver- oder vor- kannst du bilden?
Schreibe auf.

↻ Finde weitere Verben, die zu ver- oder vor- passen
und schreibe sie auf.

↻ Finde Wörter, die Ver-/ver- und Vor-/vor- mit sich
führen können. Erkläre die Änderung der Bedeutung
mit eigenen Worten: Versprecher: ...
Vorsprecher: ...

Ich kann Ver-/ver- und Vor-/vor- richtig verwenden.   ☺ ☺ ☹ ☹

Rückmeldung: _____

– Möglichkeiten der Wortbildung   – KV 62   – LSW, Übung 20
  kennen und anwenden   – MP Fö, KV 55, KV 56   – RS, Seite 16
– Wortbausteine verwenden   – MP Fr, Stationenpäckchen 7

Wortbausteine verwenden: -ieren

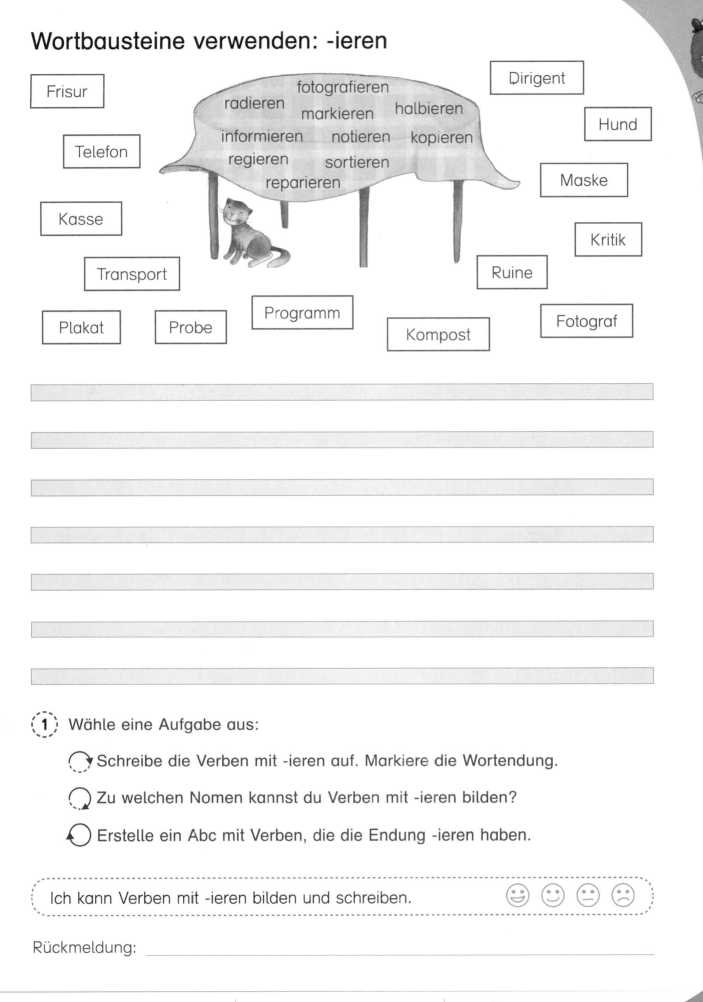

Frisur

Telefon

Kasse

Transport

Plakat

Probe

Programm

Kompost

radieren
fotografieren
markieren
halbieren
informieren
notieren
kopieren
regieren
sortieren
reparieren

Dirigent

Hund

Maske

Kritik

Ruine

Fotograf

---

1 Wähle eine Aufgabe aus:

↻ Schreibe die Verben mit -ieren auf. Markiere die Wortendung.

↺ Zu welchen Nomen kannst du Verben mit -ieren bilden?

↺ Erstelle ein Abc mit Verben, die die Endung -ieren haben.

Ich kann Verben mit -ieren bilden und schreiben.   😃 🙂 😐 🙁

Rückmeldung: _____

– Möglichkeiten der Wortbildung
kennen und anwenden
– Wortbausteine verwenden

– KV 63
– MP Fö, KV 29, KV 30
– MP Fr, Stationenpäckchen 7

– LSW, Übung 20

19

Ⓜ Rechtschreibstrategien verwenden: Merkwörter

Z●● d●●f M●●r B●●t
F●● Kl●● Schn●● S●●
T●● ld●● M●●r T●●r
B●●t B●●re S●●le ●●l
H●●r P●●r S●●l l●●r
W●●ge S●●t ●●s

aa
ee
oo

(1) Wähle eine Aufgabe aus:

⟳ Welche Wörter mit doppeltem Selbstlaut findest du?
Schreibe auf.

⟳ Schreibe die Wörter richtig auf.
Unterstreiche Wörter, die sich reimen, in derselben Farbe.

⟳ Schreibe Sätze auf, in denen mindestens zwei Wörter
mit doppeltem Selbstlaut vorkommen.
Schreibe so: Eine Fee trinkt im Zoo eine Tasse Tee. ...

Ich kann Wörter mit doppeltem Selbstlaut richtig schreiben. ☺ ☺ ☺ ☹

Rückmeldung: _____

20

– Rechtschreibstrategien verwenden: – KV 64   – LST 31
   Merkwörter mit Doppelvokal   – MP Fö, KV 63, KV 64, KV 186   – RS, Seite 17
– geübte Wörter normgerecht schreiben   – MP Fr, Stationenpäckchen 6

 Rechtschreibstrategien verwenden: Merkwörter

1 = guter Einfall

2 = nicht voll, sondern ...

3 = grünes Bodengewächs

4 = kleines Schiff

5 = Der Frisör schneidet es.

6 = feine Eiskristalle

7 = Tierpark

8 = Fabelwesen mit Zauberstab

9 = großer Raum

10 = heißes Getränk

11 = zeigt Gewicht an

12 = Gewässer zwischen Kontinenten

---

1 Wähle eine Aufgabe aus:

↪ Welche Wörter sind gesucht? Schreibe so auf: 1 = Idee, 2 = ..., ...

↻ Welche Wörter sind gesucht? Schreibe sie geordnet auf und ergänze weitere Wörter mit doppeltem Selbstlaut.

aa	
ee	
oo	

↺ Schreibe Reime.
Schreibe so: Ich habe eine Idee, sagt die Fee. ...

Ich kann Wörter mit doppeltem Selbstlaut richtig schreiben. ☺ ☺ 😐 ☹

Rückmeldung: _____

– Rechtschreibstrategien verwenden:
  Merkwörter mit Doppelvokal
– geübte Wörter normgerecht schreiben

– KV 64
– MP Fö, KV 63, KV 64, KV 186
– MP Fr. Stationenpäckchen 6

– LST 31
– RS, Seite 17

21

Wenn die Ampel auf Grün steht, ist die Tankstelle geöffnet.

Du entscheidest dich für ein Angebot.

Mäuschen 1 min, EA

Bleist trage 1 min

Fitness-tankstelle

1 Für welches Projekt hat sich die Klasse entschieden? Unterstreiche.

2 Wie funktioniert eine Fitnesstankstelle? Wann wird sie benutzt?

3 Probiere die Bewegungen selbst aus. Tauscht euch aus.

– Beobachtungen wiedergeben
– persönliche Erfahrungen im Gespräch einbringen

– KV 66, KV 67

Waage
6-mal, EA

EA = Einzelarbeit
PA = Partnerarbeit

...fahren
1 min, EA

Powackeln
Material: Stuhl
auf einem Stuhl sitzen und
von einer zur anderen
Pobacke wechseln
Dauer: 1 Minute

Spiegel
1 min, PA

Ohren kneten,
1 min, EA

1 Was muss auf einer Fitnesskarte stehen,
damit die Kinder die Übung machen können?

2 Suche dir eine Fitnesskarte aus dem Bild aus.
Vervollständige sie und schreibe sie auf.

– funktionsangemessen sprechen:
informieren

– KV 66, KV 67
– MP Fö, KV 165

Texte planen und schreiben: Bildergeschichte

1

1) Lass die Bildergeschichte wie einen Film
in deinem Kopf abspielen.

2) Schreibe Notizen, was auf den ersten beiden Bildern
der Geschichte passiert.

Schreibe auch auf,
was zwischen den
Bildern geschieht.

– Planungsmethoden kennen und nutzen – MP Fö, KV 166
– funktionsgerecht schreiben: – MP Fr, Stationenpäckchen 4
  Bildergeschichte

Texte planen und schreiben: Bildergeschichte

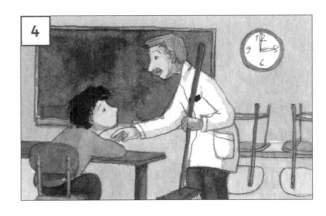

Schreibe auch auf, was zwischen den Bildern geschieht.

1. Lass die Bildergeschichte wie einen Film in deinem Kopf abspielen.

2. Schreibe Notizen, was auf den nächsten beiden Bildern der Geschichte passiert.

3. Schreibe deine Geschichte auf.
   Verwende die einfache Vergangenheit.

– Planungsmethoden kennen und nutzen — MP Fö, KV 166
– funktionsgerecht schreiben: — MP Fr, Stationenpäckchen 4
  Bildergeschichte

Texte überarbeiten: Schreibkonferenz

Denke an die Bilder!

Fehlt etwas Wichtiges?

Erzählzeit eingehalten?

Emil ruht sich aus

In der Deutschstunde konnte Emil sich nicht mehr konzentrieren. Er musste gähnen. Da kam ihm eine Idee. Plötzlich hört Emil ein Geräusch und jemand zieht an seinem Arm. Das war der Hausmeister. Es war schon 15 Uhr. Die Fitnesskarte hieß „Ausruhen". Das hatte Emil nun ausgiebig gemacht.

Tipp

Fehlt etwas Wichtiges?
Wurde die Erzählzeit eingehalten?

1 Was stimmt bei der Geschichte nicht? Markiere mit den passenden Farben.

2 Überlege, was überarbeitet werden muss. Schreibe deine Vorschläge auf.

3 Überarbeite deine Geschichte in einer Schreibkonferenz.

Schreibkonferenz
→ Seite 4

4 Schreibe deine überarbeitete Geschichte auf. 🗃

– Methoden der Textüberarbeitung kennen und nutzen
– konstruktiv Rückmeldung geben

– MP Fr, Stationenpäckchen 4

Satzglieder umstellen und erkennen

Mia · singt · morgen · mit dem Chor · ein Lied

singt

singt

1 Stelle die Satzglieder so oft wie möglich um und schreibe die Sätze auf.

Heute   kocht   Tom   für   seine Familie   Suppe.

Heute

2 Finde die Satzglieder, indem du den Satz mehrmals umstellst.
Schreibe die Sätze auf und markiere die Satzglieder.

– sprachliche Operationen nutzen: – KV 68   – LST 18
  umstellen   – MP Fö, KV 135–138   – LSW, Übung 22
– Fachbegriffe kennen: Satzglied   – MP Fr, Stationenpäckchen 3

27

Satzglieder umstellen und erkennen

> Anna   schießt   den   Ball   auf   das   Tor.

1 Finde die Satzglieder, indem du den Satz mehrmals umstellst.
Schreibe die Sätze auf und markiere die Satzglieder.

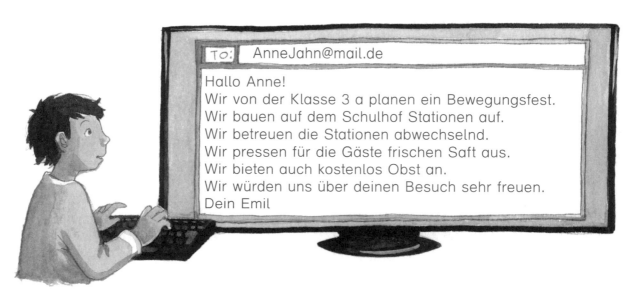

TO: AnneJahn@mail.de

Hallo Anne!
Wir von der Klasse 3 a planen ein Bewegungsfest.
Wir bauen auf dem Schulhof Stationen auf.
Wir betreuen die Stationen abwechselnd.
Wir pressen für die Gäste frischen Saft aus.
Wir bieten auch kostenlos Obst an.
Wir würden uns über deinen Besuch sehr freuen.
Dein Emil

2 Lies Emils Text. Was fällt dir auf? Markiere.

3 Stelle in einigen Sätzen die Satzglieder um,
damit der Text abwechslungsreicher klingt.

28

– sprachliche Operationen nutzen:
  umstellen
– Fachbegriffe kennen: Satzglied

– KV 68
– MP Fö, KV 135–138
– MP Fr, Stationenpäckchen 3

– LST 18
– LSW, Übung 22

Nachgestellte Wortbausteine verwenden: -ung, -heit, -keit

Tag der Bewegung

Mehr Gesundheit durch Fröhlichkeit

Leckere Erfrischung

Durch Entspannung zu mehr Aufmerksamkeit

Wörter mit den Wortbausteinen -ung, -heit und -keit sind Nomen.

Teste deine Beweglichkeit

Durch viel Übung zur Verbesserung

1 Welche Wörter sind Nomen mit den Wortbausteinen -ung, -heit, -keit? Unterstreiche sie.

---

zeichnen	frei	flüssig	ehrlich	dumm	verwechseln	gemein	blind
beobachten	frech	verabreden	traurig	haltbar	freundlich	achten	

-ung	-heit	-keit

2 Bilde Nomen mit -ung, -heit und -keit und trage sie in die Tabelle ein.

Nachgestellte Wortbausteine verwenden: -ung, -heit, -keit

Bewegung   hungrig   Zeitung   Wahrheit   Ehrlichkeit   Besonderheit

Heizung   Schönheit   weit   Einsamkeit   geht   Flüssigkeit   Spannung

1 Unterstreiche die Nomen und markiere -ung, -heit und -keit.

2 Schreibe die Nomen mit -ung, -heit und -keit geordnet auf.

endlich   dankbar   sammeln   rein   echt   trennen
höflich   rechnen   wirksam   bilden   fein

3 Bilde aus den Verben und Adjektiven Nomen mit -ung, -heit und -keit.

– Möglichkeiten der Wortbildung kennen
– grammatisches Wissen für
  Großschreibung nutzen

– KV 69
– MP Fö, KV 81, KV 82
– MP Fr, Stationenpäckchen 7

– LST 19
– LSW, Übung 23

Rechtschreibstrategien verwenden: Merkwörter

In beiden Wörtern klingt das V wie in Vase. Das Paar gehört mir.

Advent

Villa

1 Warum bekommt das rechte Kind die Karten mit **A**dvent und **V**illa?

| Vase   Vater   Verb   Vogel   vier   voll   von   vorlesen |
| Klavier   Veranda   Ventilator   Vokabel |

2 Schreibe die Wörter aus dem Kasten auf die Wortkarten.

3 Markiere die Wörter, bei denen das V/v gleich klingt, in derselben Farbe.

– Rechtschreibstrategien verwenden: – KV 70   – LST 31
  Merkwörter mit V/v   – MP Fö, KV 53, KV 54, KV 186   – RS, Seite 15
– stimmhafte/-lose Konsonanz erkennen   – MP Fr, Stationenpäckchen 6

31

↻ Rechtschreibstrategien verwenden: Verlängern

d oder t	b oder p	g oder k

d oder t

Stran___
Wal___ Wan___
Zel___ Hem___
Arz___ Stif___
Gel___

b oder p

Die___
Mikrosko___
Kor___ Gra___
Stau___

g oder k

Zu___
Zwei___ Rin___
Ban___ Bur___
Schran___
Ber___ Par___
Flu___

die Strände – der Strand,

___

___

___

___

___

___

___

___

___

___

(1) Verlängere die Wörter und setze den richtigen Buchstaben ein.

– Rechtschreibstrategien verwenden:
  Verlängern

– KV 71
– MP Fö, KV 31–34
– MP Fr, Stationenpäckchen 6

– LST 25
– RS, Seite 5

Rechtschreibstrategien verwenden: Verlängern

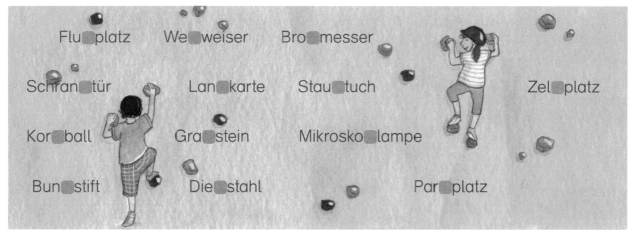

Flu_platz   We_weiser   Bro_messer

Schran_tür   Lan_karte   Stau_tuch   Zel_platz

Kor_ball   Gra_stein   Mikrosko_lampe

Bun_stift   Die_stahl   Par_platz

die Flüge – der Flug – der Flugplatz,

⟨1⟩ Aus welchen Wörtern sind die Nomen zusammengesetzt?
Verlängere die Wörter und setze den richtigen Buchstaben ein.

– Rechtschreibstrategien verwenden: – KV 71   – LST 29
  Verlängern   – MP Fö, KV 37, KV 38   – RS, Seite 6
                                             – MP Fr, Stationenpäckchen 6

33

Wichtige Wörter richtig schreiben

die	Kurve
die	Landkarte
der	Parkplatz
das	Staubtuch
der	Vater
das	Vitamin
	vorstellen

	außerdem
die	Bewegung
	ganz
	heißen
das	Obst
die	Station
	wenigstens

1 Trage die Übungswörter ein.

Vater

Emil berichtet seinem fata von der Schule. Es hat sich

ein echter Spitzensportler forgestellt. Er heist Felix Schneider

und er hat schon gans viele Pokale gewonnen.

Er ernährt sich gesund. Jeden Tag gibt es Opst mit Witaminen.

Auserdem bewegt er sich viel an mehreren Schtationen.

Er läuft und schwimmt. Zusätzlich fährt er Fahrrad.

Auch die Mama von Emil findet bewegung gut.

Sie drückt Emil ein Stauptuch in die Hand.

Damit soll er wenigstenns sein Zimmer putzen.

2 Korrigiere den Text.

Mit der Profikarte Wörter üben

Profikarte 10					
die Kurve	☆☆☆☆	☆	außerdem	☆☆☆☆	☆
die Landkarte	☆☆☆☆	☆	die Bewegung	☆☆☆☆	☆
der Parkplatz	☆☆☆☆	☆	ganz	☆☆☆☆	☆
das Staubtuch	☆☆☆☆	☆	heißen	☆☆☆☆	☆
der Vater	☆☆☆☆	☆	das Obst	☆☆☆☆	☆
das Vitamin	☆☆☆☆	☆	die Station	☆☆☆☆	☆
sich vorstellen	☆☆☆☆	☆	wenigstens	☆☆☆☆	☆

(1) Markiere die für dich schwierigen Stellen in den Übungswörtern.

(2) Trage die Strategiezeichen ein, die dir helfen,
die Wörter richtig zu schreiben.

(3) Übe die Wörter.

Profikarte
→ Seite 5

Tag der Bewegung

In der Schule ist richtig viel los. Die Klasse 3 a
hat ein tolles Fest geplant. Alle sollen sich
bewegen und gesünder leben. Auch einige Mütter
und Väter helfen mit. Auf dem Schulhof sind
Stationen aufgebaut. Außerdem gibt es Saft und
Obst mit Vitaminen. Auch Emil betreut eine Station.
Sie heißt „Elefanten putzen". Stell dir vor,
ein Elefant steht vor dir. Du musst ihn putzen.
Besonders Beine und Bauch sind dreckig. Anne
und Ayse säubern das Tier ganz genau. Und auch
Emil schwingt das Staubtuch. So schläft er
wenigstens nicht wieder ein. Am Endes des Tages sind
sich alle sicher: Bewegung ist gesund und hält fit.

Abschreiben
→ Seite 3

(4) Schreibe den Text ab. Unterstreiche die Nomen.

– geübte, rechtschreibwichtige Wörter
normgerecht schreiben
– methodisch sinnvoll abschreiben

– KV 72, KV 90

– LSW, Übung 24

35

Satzglieder umstellen

> Morgen | feiert | die Igelklasse | ein Fest

> Die Bärenklasse veranstaltet Samstag eine Feier in der Aula.

_____

_____

_____

_____

_____

_____

(1) Wähle eine Aufgabe aus:

◯ Stelle den Satz der Kinder zweimal um und schreibe ihn auf.
Markiere die Satzglieder mit verschiedenen Farben.

◯ Stelle den Satz aus dem blauen Kasten mehrmals um und schreibe
die Sätze auf. Markiere dieselben Satzglieder immer in derselben Farbe.

◯ Schreibe einen Satz mit mindestens fünf Satzgliedern auf.
Stelle ihn dann noch zweimal um. Markiere dieselben Satzglieder
immer in derselben Farbe.

> Ich kann Satzglieder durch Umstellen erkennen.   ☹

Rückmeldung: _____

36

– sprachliche Operationen nutzen: | – KV 68 | – LST 18
umstellen | – MP Fö, KV 135–138 | – LSW, Übung 22
– Fachbegriffe kennen: Satzglied | – MP Fr, Stationenpäckchen 3

Satzglieder umstellen

machen

eine Bewegungspause

Nach der Mathearbeit

Eren und Till

Die Regenbogenschule veranstaltet im Juni ein Bewegungsfest.
Alle Klassen zeigen auf dem Schulhof tolle Bewegungsangebote.
In der Aula verkaufen die Kinder der 4 a Getränke und gesunde Spieße.

Mein Bewegungstag

Ich fahre mit dem Fahrrad zur Schule.
Ich spiele in der Pause Federball.
Ich laufe am Nachmittag
zwei Runden durch den Park.
Ich helfe meiner Mutter
bei der Gartenarbeit.

Schreibe die Satzanfänge groß.

1 Wähle eine Aufgabe aus:

↻ Wie kann der Satz der Kinder noch anders anfangen?
Stelle die Satzglieder um. Schreibe alle Möglichkeiten auf.

↻ Schreibe die Sätze auf dem rechten Zettel ab.
Unterstreiche die Satzglieder in verschiedenen Farben.
Stelle die Satzglieder dazu in deinem Kopf um.

↻ Stelle einige Sätze im linken Text so um, dass er besser klingt.
Unterstreiche die Satzglieder mit verschiedenen Farben.

Ich kann Satzglieder durch Umstellen erkennen. 😄 🙂 😐 🙁

Rückmeldung: _____

– sprachliche Operationen nutzen: umstellen
– Fachbegriffe kennen: Satzglied

– KV 68
– MP Fö, KV 135–138
– MP Fr, Stationenpäckchen 3

– LST 18
– LSW, Übung 22

37

 Rechtschreibstrategien verwenden: Verlängern

Wal__lauf   Hu__konzert   Saf__flasche   Lie__lingssport

We__beschreibung   Schran__tür   Wil__blume   Run__bogen

hupen   Säfte   Schränke   Liebe   Runden   wilde   Wälder   Wege

1 Ber__spitze   Bur__ruine   Win__stärke   Mu__probe   Bun__stifte

2 Wun__salbe   Far__kasten   Blin__schleiche   Len__stange

---

1 Wähle eine Aufgabe aus:

↻ Auf den Schwimmbahnen: Setze die fehlenden Buchstaben ein
und schreibe die Wortpaare so auf: die Wälder — der Waldlauf, …

↻ Auf den Laufbahnen: Trage die fehlenden Buchstaben ein.
Schreibe dann so auf: die Berge — die Bergspitze, …

↻ Finde Wörter, die an zwei Stellen verlängert werden müssen.
Schreibe so: die Winde — die Hunde — der Windhund, …

Ich kann zusammengesetzte Nomen mit b/p, d/t, g/k
im Wort richtig schreiben.   ☺ ☺ ☺ ☹

Rückmeldung: _____

38

– Rechtschreibstrategien verwenden: – KV 71   – LST 29
  Verlängern   – MP Fö, KV 37, KV 38   – RS, Seite 6
– über Fehlersensibilität verfügen   – MP Fr, Stationenpäckchen 6

Rechtschreibstrategien verwenden: Verlängern

Han $\frac{d}{t}$ schuhe Flu $\frac{g}{k}$ lehrer Bro $\frac{d}{t}$ rinde Saf $\frac{t}{d}$ presse

Wal $\frac{d}{t}$ ausflug Stau $\frac{b}{p}$ wedel We $\frac{g}{k}$ rand Ber $\frac{g}{k}$ gipfel

Flüge staubig Wege
saftig Brote Wälder
Hände Berge

Burg/kmauer
Hemd/tkragen
Wild/tschwein Lieb/pling
Mud/tprobe Streid/tlösung
Reid/those Dang/ksagung

Wind/trad/t
Parg/kbang/k
Hand/tstand/t

(1) Wähle eine Aufgabe aus:

 Welches Wort aus dem rechten Turnschuh hilft dir
beim Schreiben der zusammengesetzten Nomen aus dem
linken Turnschuh? Schreibe so: Hände – Hand – Handschuh, ...

Aus welchen Wörtern bestehen die zusammengesetzten Nomen
auf der Kappe? Verlängere die Wörter und setze
den richtigen Buchstaben ein: Burgen – Burg – Burgmauer, ...

Die zusammengesetzten Nomen auf dem Tennisschläger
haben zwei schwierige Stellen, die du verlängern musst.
Schreibe so: windig – Wind + Räder – Rad → Windrad, ...

Ich kann zusammengesetzte Nomen mit b/p, d/t, g/k
im Wort richtig schreiben.   ☺ ☺ ☺ ☹

Rückmeldung: _____

– Rechtschreibstrategien verwenden: – KV 71 – LST 29
  Verlängern – MP Fö, KV 37, KV 38 – RS, Seite 6
– über Fehlersensibilität verfügen – MP Fr, Stationenpäckchen 6

39

(1) Markiere Regale, in denen Bücher für 6- bis 9-Jährige eingeordnet sind.

(2) Was wird in der Bücherei angeboten? Schreibe auf.
Tauscht euch aus.

– funktionsangemessen sprechen:
erzählen, informieren
– Beobachtungen wiedergeben

– MP Fr, Stationenpäckchen 4

1 Wie heißt dein Lieblingsbuch?

2 Wie heißt der Autor oder die Autorin?

3 Welche Fragen möchtest du deinem Lieblingsautor oder deiner Lieblingsautorin stellen?

Texte planen und schreiben: Fantasiegeschichte

Ideen finden

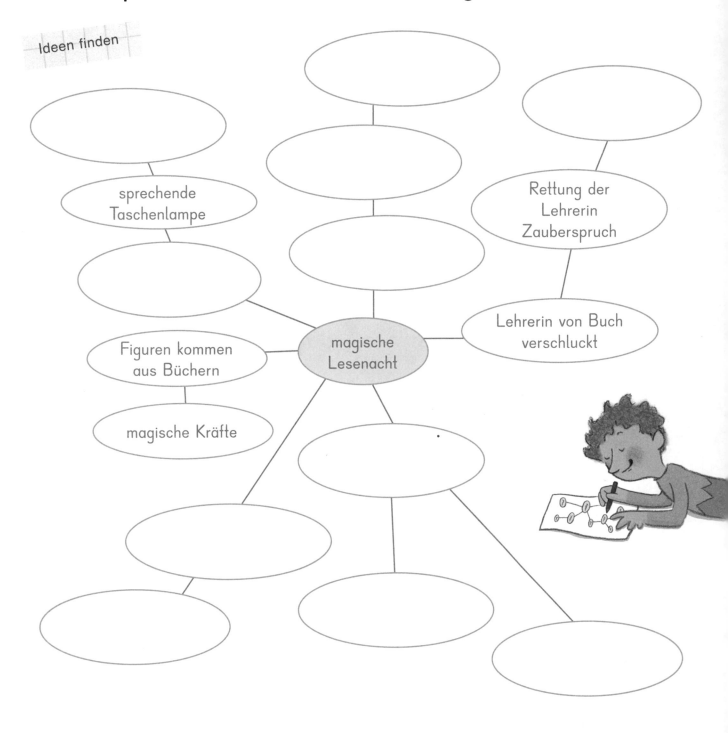

sprechende Taschenlampe

Rettung der Lehrerin Zauberspruch

Figuren kommen aus Büchern

magische Lesenacht

Lehrerin von Buch verschluckt

magische Kräfte

(1) Zu welchem Thema sollen Ideen gesammelt werden?

(2) Ergänze die Ideenblasen.

(3) Welche Ideen willst du für deine Geschichte verwenden? Markiere.

Ideen finden
Notizen machen
Erzählen
Schreiben

Texte planen und schreiben: Fantasiegeschichte

Notizen machen

Notiz 1:

1 Schreibe zu den markierten Ideenblasen passende Notizen.

Erzählen

… Unsere Klasse machte eine tolle Lesenacht in der Bücherei. Ich hatte an dem Tag meine neuen Schuhe an. …

Ist das mit den Schuhen wichtig für deine Geschichte?

2 Plane und schreibe eine eigene Geschichte zur magischen Lesenacht.

Schreiben

– Planungsmethoden kennen und nutzen   – MP Fr, Stationenpäckchen 4
– sprachliche Mittel sammeln

Texte überarbeiten: Fantasiegeschichte

Das Lesefest

Letzten Donnerstag war es endlich so weit. Unsere Klasse machte eine blaue Lesenacht in der Bücherei. Ich hatte meine neuen Schuhe an. Als wir alle ungemütlich in unseren Schlafsäcken lagen, begann unsere Lehrerin Frau Himmel eine langweilige Geschichte über eine doofe Zauberschule vorzulesen. Plötzlich fing das Buch in ihrer Hand an zu qualmen und zu husten. Wir sahen vor lauter Qualm nichts mehr. Und dann hörten wir Frau Himmel nicht mehr, sondern nur noch ein supertolles Schlucken. Das Buch hatte sie tatsächlich verschluckt. Wir hatten alle kleine Angst und zuerst wusste keiner, was wir tun sollten. Dann fiel Amelia zum Glück der Zauberspruch ein, der vorher im Buch vorgekommen war. Mit diesem lauten Spruch konnte man alles zurückverwandeln. Sie sagte: „Quietschidibück, wir wollen unsere rote Frau Himmel zurück!" Wieder hustete und qualmte das Buch und heraus sprang unsere Lehrerin. Sie hatte einen roten Rock an. Wir konnten unser Glück kaum fassen, als wir sie wieder aus dem Buch befreit hatten. Vor Aufregung haben wir in dieser Nacht kein Auge zugetan.

 Tipp

> Was ist unwichtig für die Geschichte?
> Hast du passende Adjektive verwendet?

(1) Streiche die Sätze, die für die Geschichte unwichtig sind.

(2) Unterstreiche die Adjektive.

(3) Streiche die Adjektive durch, die nicht passen.

(4) Finde passende Adjektive.

(5) Schreibe die überarbeitete Geschichte auf.

(6) Überarbeite deine eigene Fantasiegeschichte.

– Texte an der Schreibaufgabe überprüfen	– KV 73
– Texte sprachlich optimieren	– MP Fö, KV 168
– Texte für Veröffentlichung aufbereiten	– MP Fr, Stationenpäckchen 4

Satzglieder kennenlernen: Subjekt

Die Olchis stiefeln durch den Matsch.

Wer oder was stiefelt durch den
Matsch? die Olchis

Conni spielt auf einem Xylofon.

Hexe Lilli schaut durch das neue Mikroskop.

Der Antolin-Rabe liest ein Buch.

Philipp Maus holt seine Werkzeugkiste.

1 Wer oder was tut etwas in den Sätzen?
Schreibe zu jedem Satz die Frage und die Antwort auf.

2 Unterstreiche
die gefundene Antwort
im Satz.

> Das **Subjekt** ist ein Satzglied.
> Es antwortet auf die Frage **„Wer oder was ...?"**:
> Pippi Langstrumpf reitet auf ihrem Pferd.
> Wer oder was reitet auf ihrem Pferd? Pippi Langstrumpf

– sprachliche Operationen nutzen:
   umstellen
– Fachbegriffe kennen: Subjekt

– KV 74, KV 106
– MP Fö, KV 139, KV 140, KV 178
– MP Fr, Stationenpäckchen 3

– LST 20
– LSW, Übung 25

45

Satzglieder kennenlernen: Subjekt

Wer oder was leuchtet mit einer Taschenlampe?

Wer oder was liest Finn ein Buch vor?

Wer oder was holt seine Zahnbürste?

Wer oder was fällt vom Tisch?

1 Beantworte die Fragen zum Bild.

2 Wer oder was tut noch etwas? Schreibe die Fragen und Antworten auf.

46

– sprachliche Operationen nutzen: umstellen
– Fachbegriffe kennen: Subjekt

– KV 74, KV 106
– MP Fö, KV 139, KV 140, KV 178
– MP Fr, Stationenpäckchen 3

– LST 20
– LSW, Übung 25

Satzglieder kennenlernen: Prädikat

Die Olchis <u>stiefeln</u> durch den Matsch.

Was tun die Olchis? stiefeln

Conni spielt auf einem Xylofon.

Hexe Lilli schaut durch das neue Mikroskop.

Der Antolin-Rabe liest ein Buch.

Philipp Maus holt seine Werkzeugkiste.

1 Was tun die Figuren in den Sätzen?
Schreibe zu jedem Satz die Frage und die Antwort auf.

2 Unterstreiche
die gefundene Antwort
im Satz.

Das **Prädikat** ist ein Satzglied. Es antwortet
auf die Frage „**Was tut …?**" oder „**Was tun …?**":
Pippi Langstrumpf <u>reitet</u> auf ihrem Pferd.
Was tut Pippi Langstrumpf? reiten

– sprachliche Operationen nutzen: | – KV 74, KV 106 | – LST 20
   umstellen | – MP Fö, KV 141–144, KV 179 | – LSW, Übung 25
– Fachbegriffe kennen: Prädikat | – MP Fr, Stationenpäckchen 3 |

47

Satzglieder kennenlernen: Prädikat

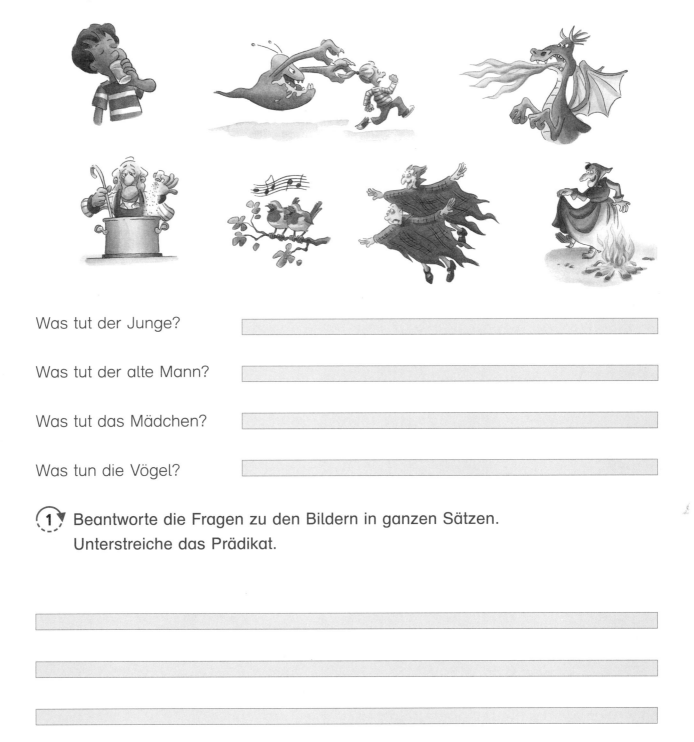

Was tut der Junge?

Was tut der alte Mann?

Was tut das Mädchen?

Was tun die Vögel?

1 Beantworte die Fragen zu den Bildern in ganzen Sätzen.
Unterstreiche das Prädikat.

2 Schreibe weitere „Was tut"-/„Was tun"-Fragen zu den Bildern auf
und beantworte die Fragen.

– sprachliche Operationen nutzen:
  umstellen
– Fachbegriffe kennen: Prädikat

– KV 74, KV 106
– MP Fö, KV 141–144, KV 179
– MP Fr, Stationenpäckchen 3

– LST 20
– LSW, Übung 25

s oder ß?

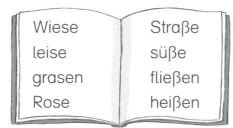

Wiese	Straße
leise	süße
grasen	fließen
Rose	heißen

Klingt das s wie bei Wie**s**e oder wie bei Stra**ß**e?

Bei Wiese brummt mein Kopf.

Bei Straße brummt mein Kopf nicht.

Bei Wiese zittert mein Hals.

Bei Straße zittert mein Hals nicht.

1 Sprich die Wörter deutlich. Wie klingt der s-Laut? Beachte die Tipps.

die Va__e   die Rei__e   die Grü__e   die Spä__e   flei__ig

gie__en   die Do__en   die Brau__e   sü__er   die Lo__e

2 Sprich die Wörter deutlich
und setze s oder ß ein.

3 Schreibe Sätze mit einigen Wörtern von oben.
Markiere s oder ß.

– stimmhafte/-lose Konsonanten erkennen
– KV 77
– MP Fö, KV 39, KV 40, KV 135
– LST 33
– LSW, Übung 26
– RS, Seite 8

49

↪ Rechtschreibstrategien verwenden: Verlängern

Gru▢ süß▢ Prei▢ gro▢ Lau▢

Gra▢ hei▢ Auswei▢ Krei▢

Gefä▢ wei▢ Sto▢ Moo▢

> Wenn du die Wörter verlängerst, kannst du hören, ob sie mit s oder ß geschrieben werden.

1 Verlängere die Wörter. Setze s oder ß ein.

die Grüße – der Gruß,

2 Schreibe die Wortpaare auf. Markiere s oder ß.

der Fu___   der Krei___   das Flo___   gro___   die Lau___   der Bewei___

3 Verlängere die Wörter und setze s oder ß ein.

die Füße – der Fuß,

4 Schreibe die Wortpaare auf. Markiere s oder ß.

– Rechtschreibstrategien verwenden: Verlängern
– stimmhafte/-lose Konsonanten erkennen

– KV 77
– MP Fö, KV 39, KV 40, KV 185
– MP Fr, Stationenpäckchen 6

– LST 33
– LSW, Übung 26
– RS, Seite 8

M Rechtschreibstrategien verwenden: Merkwörter

1. Schlage die Wörter in der Wörterliste nach und schreibe sie auf.

Wörterliste
→ Seite 24–31

2. Was haben alle Wörter gemeinsam?

Mähne   Märchen   während   schräg
spät   Gerät   März   Lärm

Diese Merkwörter mit ä haben kein verwandtes Wort mit a. Übe sie mit der Profikarte.

Profikarte
→ Seite 5

3. Denke dir Sätze mit den ä-Wörtern aus und schreibe sie auf.

– Rechtschreibstrategien verwenden: – KV 75, KV 76   – LST 32
  Merkwörter   – MP Fö, KV 57, KV 58, KV 186   – RS, Seite 18
                                      – MP Fr, Stationenpäckchen 6

51

Wichtige Wörter richtig schreiben

der Spas

der Kapiten

Heiß

das Mädschen

intressant

schpät

die Ausstelung

der bär

recherschieren

sotieren

vorhea

ausleien

plözlich

weiss

der **Bär**
   hei**ß**
der **Kapitän**
das **Mädchen**
der **Spaß**
   sp**ät**
   wei**ß**

   ausleihen
die Ausstellung
   interessant
   plötzlich
   recherchieren
   sortieren
   vorher

 Markiere die Fehler.

 Schreibe die Übungswörter nach dem Abc geordnet auf.

– geübte, rechtschreibwichtige Wörter
normgerecht schreiben

– LSW, Übung 27

Mit der Profikarte Wörter üben

Profikarte 11						
der Bär	☆☆☆☆	☆	ausleihen	☆☆☆☆	☆
heiß	☆☆☆☆	☆	die Ausstellung	☆☆☆☆	☆
der Kapitän	☆☆☆☆	☆	interessant	☆☆☆☆	☆
das Mädchen	☆☆☆☆	☆	plötzlich	☆☆☆☆	☆
der Spaß	☆☆☆☆	☆	recherchieren	☆☆☆☆	☆
spät	☆☆☆☆	☆	sortieren	☆☆☆☆	☆
weiß	☆☆☆☆	☆	vorher	☆☆☆☆	☆

1 Markiere die für dich schwierigen Stellen in den Übungswörtern.

2 Trage die Strategiezeichen ein, die dir helfen,
die Wörter richtig zu schreiben.

3 Übe die Wörter.

Profikarte
→ Seite 5

Die Lesenacht

Die Mädchen und Jungen der Klasse 3 b machen heute
eine Lesenacht in der großen Bücherei. Sie dürfen sich dabei
auch Bücher ausleihen oder über ihre Lieblingsautoren
recherchieren. Vorher haben sie gelernt, wie die Medien in
der Bücherei sortiert sind. Momentan gibt es hier auch eine
schöne Ausstellung über Bären. Die Kinder haben viel Spaß
mit den ganzen interessanten Büchern und Medien. Als es
schon spät ist, kuscheln sich alle Kinder in ihre Schlafsäcke.
Die Lehrerin liest eine gruselige Geschichte von einem bösen
Piraten und einem schlauen Kapitän vor. Plötzlich ertönt
ein seltsames Geräusch aus einer Ecke. Was kann
das sein? Den Kindern wird heiß vor Schreck.

Abschreiben
→ Seite 3

4 Schreibe den Text ab und unterstreiche die Übungswörter.

– geübte, rechtschreibwichtige Wörter normgerecht schreiben
– methodisch sinnvoll abschreiben
– KV 78, KV 90
– LSW, Übung 27

53

Satzglieder kennen: Subjekt und Prädikat

Lea tanzt. Die Kinder lachen.
Ben singt. Lars schläft.

1 Wähle eine Aufgabe aus:

⟳ Lies den Tafeltext. Frage mit „Wer oder was?" nach dem Subjekt
und mit „Was tut/tun?" nach dem Prädikat.
Schreibe die Fragen und Antworten auf.

↻ Schreibe Sätze zu den Kindern in der Klasse.
Unterstreiche die Subjekte schwarz und die Prädikate rot.

↺ Was weißt du über die beiden Satzglieder Subjekt und Prädikat?
Schreibe auf.

Ich kann Subjekt und Prädikat in einem Satz erkennen.

Rückmeldung: _____

– sprachliche Operationen nutzen: | – KV 74, KV 106 | – LST 20
umstellen | – MP Fö, KV 139–144, KV 178, KV 179 | – LSW, Übung 25
– Fachbegriffe kennen: Subjekt, Prädikat | – MP Fr, Stationenpäckchen 3 |

Satzglieder kennen: Subjekt und Prädikat

> Tina häkelt. Margret bastelt. Anna und Lisa tanzen. Dörthe fotografiert. Moni schreibt. Mareike und Carina schälen Kartoffeln. Rasmus gewinnt eine Reise. Birte erzählt Märchen. Die Kinder proben für die Aufführung. Rebecca frisiert ihre Puppe.

- Jeder Satz hat ein Subjekt.
- Das Satzglied, das auf die Frage „Was tut …?" antwortet, ist das Prädikat.
- Prädikate stehen in Aussagesätzen immer als zweites Satzglied. ✱
- Ein Subjekt kann maximal aus drei Wörtern bestehen.
- Aussagesätze müssen immer ein Prädikat haben.
- Es gibt Sätze, die nur aus Subjekt und Prädikat bestehen.
- Steht das Prädikat in einem Satz an erster Stelle, ist das eine Frage.
- Prädikate gibt es nicht in allen Zeitformen.

1 Wähle eine Aufgabe aus:

○ Schreibe die Sätze ab. Frage mit „Wer oder was …?"
nach dem <u>Subjekt</u> und unterstreiche es.
Frage mit „Was tut/tun …?" nach dem <u>Prädikat</u> und unterstreiche es.

○ Schreibe Sätze zu den Bildern. Frage nach Subjekt und Prädikat.
Unterstreiche die <u>Subjekte</u> und die <u>Prädikate</u>.

○ Schreibe die Aussagen zu Subjekt und Prädikat ab.
Notiere hinter den Sätzen, ob die Aussage richtig oder falsch ist.

Ich kann Subjekt und Prädikat in einem Satz erkennen.

Rückmeldung: _____

– sprachliche Operationen nutzen: umstellen
– Fachbegriffe kennen: Subjekt, Prädikat

– KV 74, KV 106
– MP Fö, KV 139–144, KV 178, KV 179
– MP Fr, Stationenpäckchen 3

– LST 20
– LSW, Übung 25

↪ Rechtschreibstrategien verwenden: Verlängern

| s | ß |

Glei_e
Kie_el
mie_e
Lo_e
grü_en
Sträu_e

sü_er
Glä_er
Krei_e
Häu_er
grö_er

Strau_
Gru_
Glei_
Kie_
mie_
Lo_

Hau_
Gla_
Krei_
gro_
sü_

Flie ß/s band   Gru ß/s karte   Prei ß/s liste   Gla ß/s bläser

Fu ß/s ball   Sü ß/s stoff   krei ß/s rund   Lo ß/s trommel

Glei ß/s arbeiten   Ga ß/s herd   Hei ß/s luftballon

Wei ß/s kraut   Sto ß/s stange   Gro ß/s brand

Hau ß/s tür   gra ß/s grün   Spie ß/s braten   Ei ß/s bein

Spa ß/s bad   Moo ß/s gummi

1 Wähle eine Aufgabe aus:

⟳ Sprich die verlängerten Wörter von den roten Bücherstapeln.
Klingt der s-Laut wie in Wie**s**e oder wie in Stra**ß**e?
Schreibe die verlängerten Wörter mit den passenden Wörtern
von den grünen Bücherstapeln auf. Markiere s und ß.

⟳ Verlängere die Wörter von den grünen Bücherstapeln.
Schreibe die Wörter mit den Verlängerungen auf. Markiere s und ß.

⟲ Schreibe die zusammengesetzten Nomen vom blauen Buch
richtig auf.

Ich kann Wörter mit ß schreiben.   ☺ ☺ ☺ ☹

Rückmeldung: _____

– Rechtschreibstrategien anwenden: – KV 77   – LST 33
   Verlängern   – MP Fö, KV 39, KV 40, KV 185   – LSW, Übung 26
– stimmhafte/-lose Konsonanten erkennen – MP Fr, Stationenpäckchen 6   – RS, Seite 8

56

Rechtschreibstrategien verwenden: Verlängern

Lo ßᵉ   Grü ßᵉ   Prei ßᵉ   Grä ßᵉr   gie ßᵉn   sü ßᵉr   Moo ßᵉ

Fü ßᵉ   Spä ßᵉ   Sträu ßᵉ   grö ßᵉr   hei ßᵉ   fie ßᵉr   Häu ßᵉr

sto ßᵉn   Spie ßᵉ   Auswei ßᵉ   Krei ßᵉ   Glä ßᵉr   farblo ßᵉ

Eißkarte   Graßhalm   Süsstoff   Loßbude   Fusball   Grosbrand

Spasbremse   Gieskanne   Kreißstraße   Gruskarte   Mooßweg

1 Wähle eine Aufgabe aus:

➤ Sprich die Wörter aus dem Kasten. Wie klingt der s-Laut?
Markiere den richtigen s-Laut und schreibe die Wörter richtig auf.

○ Sprich die Wörter aus dem Kasten. Wie klingt der s-Laut?
Schreibe die Nomen in der Einzahl richtig auf.

○ Finde bei den Wörtern auf dem Lesezeichen die Fehler.
Schreibe die Wörter verbessert so auf: eisig – Eiskarte, …

Ich kann Wörter mit ß schreiben.   😀 🙂 😐 🙁

Rückmeldung: _____

– Rechtschreibstrategien anwenden: – KV 77   – LST 33
  Verlängern   – MP Fö, KV 39, KV 40, KV 185   – LSW, Übung 26
– stimmhafte/-lose Konsonanten erkennen   – MP Fr, Stationenpäckchen 6   – RS, Seite 8

57

Januar Februar März

Dezember April

November Mai

Oktober Juni

September August Juli

1 Welche Monate gehören zum Frühling? Markiere.

2 Welche besonderen Tage oder Feste gibt es jedes Jahr im Frühling?

3 Suche dir ein Fest aus und schreibe auf, was du darüber weißt.
Tauscht euch aus.

Texte planen: Was-ich-mag-Gedicht

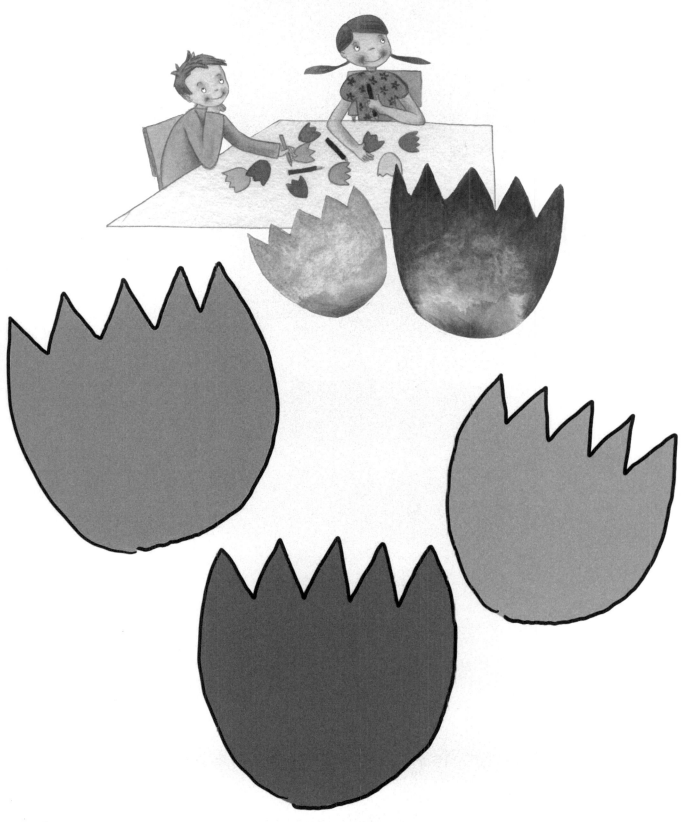

(1) Was gefällt dir im Frühling?
Schreibe deine Ideen auf die Tulpenblüten.

Texte schreiben: Was-ich-mag-Gedicht

Frühling

Ich mag es,
wenn die Sonnenstrahlen mich wärmen.

Ich mag es,
wenn es nach frischem Grün duftet.

Ich mag es,
wenn ich mit Freunden im Gras liege.

Dann bin ich glücklich.

Bauplan

Thema: _____
Ich mag es,
wenn _____
Ich mag es,
wenn _____
Ich mag es,
wenn _____
Dann _____

1 Wie ist das Gedicht aufgebaut?
Vergleiche mit dem Bauplan.

Frühling

Ich mag es,

wenn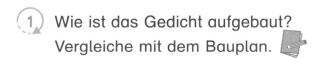

Ich mag es,

wenn

Ich mag es,

wenn

Dann

2 Schreibe ein eigenes Was-ich-mag-Gedicht zum Frühling.
Nutze dazu deine Ideensammlung.

– sprachliche Muster erkennen
– sprachliche Mittel sammeln und ordnen
– nach Anregung schreiben: Gedicht

– KV 80
– MP Fr, Stationenpäckchen 4

Texte überarbeiten: Was-ich-mag-Gedicht

Frühling

Ich mag es,
wenn ich mit meinem Skateboard
durch die Straßen rolle.

Ich finde gut,
wenn alle Blüten duften.

Ich mag es,
wenn wir den Weihnachtsbaum schmücken.

Dann setze ich mich auf einen dicken Stein
und bin froh.

Tipp

Passen alle Sätze zum Thema?
Stimmt der Aufbau des Gedichts?

1 Lies das Gedicht. Markiere, was du überarbeiten willst.

2 Überarbeite dein Was-ich-mag-Gedicht zum Frühling.

Mir hat gefallen, dass du die
Zuschauer direkt angesehen hast.

Du hast die
Satzanfänge gut
betont.

Man hat an deiner
Stimme gemerkt,
dass du die Dinge
wirklich magst.

Gedichtvortrag
• Gestik: mit den
Händen oder dem
Körper erzählen
• Mimik: mit dem
Gesicht Gefühle
ausdrücken
• den Zuhörer
anschauen

3 Übe, dein Gedicht vorzutragen.
Beachte die Tipps.

Gedicht auswendig lernen
→ Seite 16

– Texte an der Schreibaufgabe
  überprüfen
– Texte gestalten und präsentieren

– KV 80
– MP Fr, Stationenpäckchen 4

Pronomen kennen und verwenden

Mia geht in die dritte Klasse.
Mia hat viele Hobbys.
Heute will **Mia** trainieren.
Zum Sportplatz fährt **Mia**
mit dem Rad.

Mia geht in die dritte Klasse.
Sie hat viele Hobbys.
Heute will **sie** trainieren.
Zum Sportplatz fährt **sie**
mit dem Rad.

1 Vergleiche die beiden Texte. Markiere was sich besser anhört.

Lisa freut sich über den Frühling. Im Garten

kann ▭ die Tulpen bewundern. Die Zwiebeln

hat ▭ im Herbst in die Erde gesteckt. Da kommt

Jan. ▭ sagt: „Im Frühling kannst du die ersten

Zitronenfalter sehen. ▭ haben gelbe Flügel.

Den Winter überstehen ▭ in Winterstarre." Plötzlich

lauschen die Kinder. Da summt doch eine Biene.

▭ fliegt auf eine Blüte. Dort saugt ▭ Nektar und

sammelt Pollen. Jan fragt Lisa: „Kommst ▭ mit?"

Lisa antwortet: „▭ hole meine Lupe, dann können

▭ die Bienen genauer beobachten."

Einzahl
ich
du
er, sie, es
Mehrzahl
wir
ihr
sie

2 Setze passende Pronomen ein.

! Ein **Pronomen** steht anstelle eines Nomens.

der **Käfer** krabbelt — **er** krabbelt

die **Blume** blüht — **sie** blüht

das **Kind** beobachtet — **es** beobachtet

– sprachliche Optionen nutzen:
  ersetzen
– Fachbegriffe kennen: Pronomen

– KV 81
– MP Fö, KV 107–114
– MP Fr, Stationenpäckchen 1

– LST 22
– LSW, Übung 32

Pronomen kennen und verwenden

1 Setze die passenden Pronomen ein: **ich**, **du, er, sie**, **es**, **wir**, **ihr** oder **sie**.

Im Frühling kommt die Füchsin aus ihrem Bau, denn sie hat Hunger.

Nun lässt sie sich von der Sonne wärmen. Sie scheint auf ihr Fell.

Sie wärmt die Erde. Später schleicht sie über die Wiese. Sie spielt

mit ihren Jungen. Dann legt sie sich ins Gras und sie geht unter.

2 Warum ist der Text schwer zu verstehen? Unterstreiche die Pronomen.

3 Welche Pronomen musst du durch Nomen ersetzen?
Streiche die Pronomen durch und schreibe die passenden Nomen darüber.

– sprachliche Operationen nutzen: – KV 81   – LST 22
  ersetzen   – MP Fö, KV 107–114   – LSW, Übung 32
– Fachbegriffe kennen: Pronomen   – MP Fr, Stationenpäckchen 1

63

(M) Rechtschreibstrategien verwenden: Merkwörter

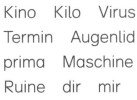

Kino Kilo Virus
Termin Augenlid
prima Maschine
Ruine dir mir

Achtung, Ausnahmen! Ihr hört ein langes i, schreibt aber nur i.

Merken und üben!

Profikarte
→ Seite 5

1 Schreibe die Wörter auf. Markiere das **i** im Wort.

Krokodil – Seite 27,

Wörterliste
→ Seite 24–31

2 Schlage die Wörter zu den Bildern in der Wörterliste nach.
Schreibe sie mit der Seitenzahl auf.

– Rechtschreibstrategien verwenden: – KV 82   – LST 32
  Merkwörter mit langem i   – MP Fö, KV 59, KV 60, KV 186   – RS, Seite 19
                      – MP Fr, Stationenpäckchen 6

Ⓜ Rechtschreibstrategien verwenden: Merkwörter

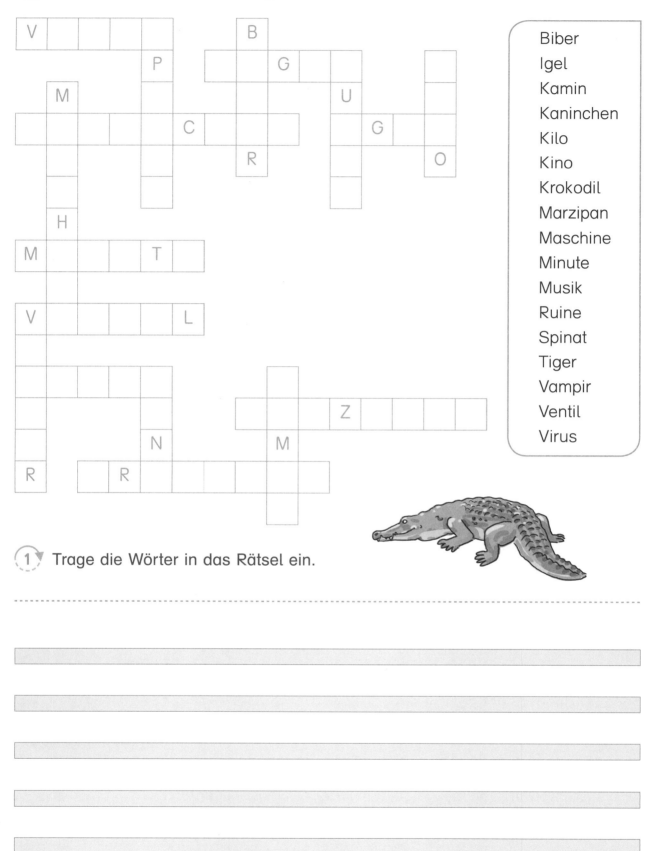

Biber
Igel
Kamin
Kaninchen
Kilo
Kino
Krokodil
Marzipan
Maschine
Minute
Musik
Ruine
Spinat
Tiger
Vampir
Ventil
Virus

1 Trage die Wörter in das Rätsel ein.

2 Schreibe Sätze mit möglichst vielen Merkwörtern mit i.

– Rechtschreibstrategien verwenden:
 Merkwörter mit langem i

– KV 82
– MP Fö, KV 59, KV 60, KV 186
– MP Fr, Stationenpäckchen 6

– LST 32
– RS, Seite 19

65

Wichtige Wörter richtig schreiben

6 MSMMSM

Termin

MSM
_____

MSM
_____

MSMS
_____

MMUMMSMM
_____

MSMSM
_____

MSMMSMMSM
_____

MSSM
_____

MSSMS
_____

MSMMSMMM
_____

MSMMSM
_____

MSMMMSM
_____

MSMSMMMSM
_____

SMUMMMSMM
_____

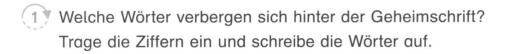

W
①   dir
② das Kaninchen
③ das Kino
④   mir
⑤ die Ruine
⑥ der Termin
⑦ der Tiger
⑧ das Boot
⑨ die Eröffnung
⑩   fahren
⑪ der Frühling
⑫   verfallen
⑬ die Vorsicht
⑭ der Waldweg

1 Welche Wörter verbergen sich hinter der Geheimschrift?
Trage die Ziffern ein und schreibe die Wörter auf.

Mit der Profikarte Wörter üben

Profikarte 12

dir	☆☆☆☆	☆	das Boot	☆☆☆☆	☆
das Kaninchen	☆☆☆☆	☆	die Eröffnung	☆☆☆☆	☆
das Kino	☆☆☆☆	☆	fahren	☆☆☆☆	☆
mir	☆☆☆☆	☆	der Frühling	☆☆☆☆	☆
die Ruine	☆☆☆☆	☆	verfallen	☆☆☆☆	☆
der Termin	☆☆☆☆	☆	die Vorsicht	☆☆☆☆	☆
der Tiger	☆☆☆☆	☆	der Waldweg	☆☆☆☆	☆

1 Markiere die für dich schwierigen Stellen in den Übungswörtern.

2 Trage die Strategiezeichen ein, die dir helfen, die Wörter richtig zu schreiben.

3 Übe die Wörter.

Profikarte
→ Seite 5

Der Ausflug

Endlich ist Frühling. Heute ist der Termin
für die Eröffnung des neu gestalteten Schlossparks. Jan und
Timo wollen dabei sein. Mit den Rädern fahren sie auf
Waldwegen zum Park. Jan fragt: „Wollen wir zur Insel rudern?"
Die Kinder mieten ein Boot. Auf der Insel machen sie das Boot
fest. Jan sagt: „Komm, ich zeige dir die Ruine." Timo antwortet:
„Das sieht ja aus wie im Kino." Sie gehen über eine Treppe zu
den verfallenen Räumen. An einer Wand lesen sie: Vorsicht!
Hier lebt kein Gespenst, aber ein wilder Tiger. Schon hören sie
ein Tier knurren. Die Kinder erschrecken. Sie sehen den Schatten
eines wuscheligen Körpers. Er wird immer größer. „Eine Katze!",
ruft Jan erleichtert.

Abschreiben
→ Seite 3

4 Schreibe den Text ab.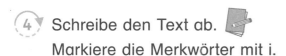
Markiere die Merkwörter mit i.

– geübte, rechtschreibwichtige Wörter   – KV 83, KV 90   – LSW, Übung 33
   normgerecht schreiben
– methodisch sinnvoll abschreiben

Kompetenzübersicht

Kapitel	Sprechen und zuhören	Texte verfassen	Sprache untersuchen	Richtig schreiben
Miteinander lernen Teil A Seite 4–21	Anliegen und Konflikte gemeinsam diskutieren und klären 4; sich in eine Rolle hineinversetzen 4; eigene Ideen einbringen und sich zu den Gedanken anderer äußern 5; gemeinsame Gesprächsregeln beachten 5	Texte planen 6; Vertrag zur Streitschlichtung schreiben 7; Texte überarbeiten 8	Wörter strukturieren: Silben 9, 10; Rechtschreibstrategien verwenden: Silben schwingen 9, 10; Wortarten unterscheiden 11, 12, 18, 19; Fachbegriffe verwenden 11, 12; Wörter ordnen 11, 12	grammatisches Wissen für Großschreibung nutzen 13, 14, 20, 21; Nomen erkennen 13; Nomen erkennen und großschreiben 14, 15, 20, 21; geübte, rechtschreibwichtige Wörter normgerecht schreiben 16, 17; methodisch sinnvoll abschreiben 17
Fahren und fliegen Teil A Seite 22–39	beschreiben, erzählen 22, 23; aktiv zuhören und gezielt nachfragen 22; Lernergebnisse präsentieren 23	Texte planen 24, 25; Texte schreiben 24, 25; Texte überarbeiten 26	Satzarten kennen 27, 36; Fachbegriffe verwenden 27; Satzzeichen setzen 27, 36; Wörter sammeln und ordnen 28, 29, 37; nach semantischen Kriterien gliedern 28, 29, 37	Konsonantenhäufung am Wortanfang 30, 31; Rechtschreibstrategien verwenden: Verlängern 32, 33, 38, 39; geübte, rechtschreibwichtige Wörter normgerecht schreiben 34, 35; methodisch sinnvoll abschreiben 35
Märchen Teil A Seite 40–57	erzählen 40; sprachliche Mittel verwenden 41; Sprechbeiträge planen 41	Texte planen 42, 43; Texte überarbeiten 44	Wörter strukturieren und Möglichkeiten der Wortbildung kennen 45; Fachbegriffe verwenden 45; wörtliche Rede mit vorangestelltem Begleitsatz kennen und verwenden 46, 47, 54, 55; Fachbegriffe verwenden 46, 55	Rechtschreibstrategien verwenden: Vokallänge/Doppelkonsonanz 50, 51, 56, 57; lange und kurze Vokale unterscheiden 50, 51, 56, 57; geübte, rechtschreibwichtige Wörter normgerecht schreiben 52, 53; methodisch sinnvoll abschreiben 53
Herbst Teil A Seite 58–66	erzählen, informieren 58	Texte schreiben 59, 60; Texte überarbeiten (Schreibtipps) 61	Beziehung zwischen Absicht und Wirkung untersuchen 62, 63	Rechtschreibstrategien verwenden: Selbstlautlänge 64; geübte, rechtschreibwichtige Wörter normgerecht schreiben 65, 66; methodisch sinnvoll abschreiben 66
Im Wald Teil B Seite 4–21	Beobachtungen wiedergeben 4, 5; anderen zuhören und auf Äußerungen eingehen 4, 5	Texte schreiben 6, 7; Texte präsentieren 8	Wörter strukturieren 9, 10, 18, 19; Personalformen kennen und anwenden 9, 10, 18, 19; Regelmäßigkeiten entdecken 9, 10, 18, 19; Möglichkeiten der Wortbildung kennen und anwenden 11, 12, 20; Komposita erkennen und bilden 11, 12, 20	Rechtschreibstrategien verwenden: Vokallängen prüfen 13, 14, 15, 21; Worttrennungen beachten und anwenden 13; lange und kurze Vokale unterscheiden 14, 15, 21; geübte, rechtschreibwichtige Wörter normgerecht schreiben 16, 17; methodisch sinnvoll abschreiben 17
www.quiesel.de Teil B Seite 22–39	erzählen 22; von eigenen Erfahrungen berichten 22; gemeinsame Vorhaben planen und durchführen 23; Lernergebnisse präsentieren 23	Texte schreiben 24, 25; Texte präsentieren 26	Zeitformen von Verben kennen: Präsens, Präteritum 27, 28, 36, 37; Zeitstufen unterscheiden 27, 28, 36, 37; Adjektive kennen: Steigerungsformen 29, 30; Fachbegriffe kennen: Grundform, Vergleichsstufen 29, 30	Rechtschreibstrategien verwenden: Ableiten 31, 32, 33, 38, 39; geübte, rechtschreibwichtige Wörter normgerecht schreiben 34, 35; methodisch sinnvoll abschreiben 35
Früher und heute Teil B Seite 40–57	erzählen, informieren 40, 41; zu einem Thema recherchieren 40, 41	Texte planen 42, 43; Texte präsentieren 44	grundlegende sprachliche Strukturen und Begriffe kennen: Perfekt, Präteritum 45, 46, 54, 55; Vergangenheitsformen bilden 45, 46, 54, 55; Möglichkeiten der Wortbildung erkennen 47, 48; Wörter nach semantischen Kriterien sammeln, zerlegen, verändern 47, 48	Rechtschreibstrategien verwenden: Verlängern 49, 50, 56, 57; Rechtschreibstrategien verwenden: Merkwörter mit Dehnungs-h 51; geübte, rechtschreibwichtige Wörter normgerecht schreiben 52, 53; methodisch sinnvoll abschreiben 53
Winter Teil B Seite 58–66	erzählen, informieren 58	Texte schreiben 59, 60; Texte überarbeiten (Schreibtipps) 61; Texte präsentieren 61	Nomen kennen: Konkreta und Abstrakta 62, 63; Wörter sammeln und ordnen 62	Wörter strukturieren: Schreibsilben 64; geübte, rechtschreibwichtige Wörter normgerecht schreiben 65, 66; methodisch sinnvoll abschreiben 66
Familiengeschichten Teil C Seite 4–21	erzählen 4; Erzählmuster nutzen 4; an der Standardsprache orientiert sprechen 5; sprecherische Mittel verwenden 5	Texte schreiben 6; Texte überarbeiten 7, 8	Gemeinsamkeiten und Unterschiede von Sprachen entdecken 9; Dialekt und Standardsprache 9; bildhafte Ausdrücke/Redensarten kennen und verstehen 10, 11; über Verstehensprobleme sprechen 10	Möglichkeiten der Wortbildung kennen und anwenden 12, 13, 18, 19; Wortbausteine verwenden 12, 13, 18, 19; Rechtschreibstrategien verwenden: Merkwörter mit Doppelvokal 14, 15, 20, 21; geübte, rechtschreibwichtige Wörter normgerecht schreiben 16, 17; methodisch sinnvoll abschreiben 17
Alle in Bewegung Teil C Seite 22–39	Beobachtungen wiedergeben 22; persönliche Erfahrungen im Gespräch einbringen 22; informieren 23	Texte planen 24, 25; Texte schreiben 24, 25; Texte überarbeiten (Schreibtipps) 26	sprachliche Operationen nutzen: umstellen 27, 28, 36, 37; Fachbegriffe kennen: Satzglied 27, 28, 36, 37; Möglichkeiten der Wortbildung kennen 29, 30; grammatisches Wissen für Großschreibung nutzen 29, 30	Rechtschreibstrategien verwenden: Merkwörter mit V/v 31; stimmhafte/-lose Konsonanz erkennen 31; Rechtschreibstrategien verwenden: Verlängern 32, 33, 38, 39; geübte, rechtschreibwichtige Wörter normgerecht schreiben 34, 35; methodisch sinnvoll abschreiben 35
Rund ums Buch Teil C Seite 40–57	erzählen, informieren 40; Beobachtungen wiedergeben 40; Sprechbeiträge situationsangemessen planen 41; sprachliche Mittel sammeln und ordnen 41	Texte planen 42, 43; Texte überarbeiten (Schreibtipps) 44	sprachliche Operationen nutzen: umstellen 45, 46, 47; Fachbegriffe kennen: Subjekt 45, 46, 54, 55; Fachbegriffe kennen: Prädikat 47, 48, 54, 55	stimmhafte/-stimmlose Konsonanten erkennen 49, 50, 56, 57; Rechtschreibstrategien verwenden: Verlängern 50, 56, 57; geübte, rechtschreibwichtige Wörter normgerecht schreiben 52, 53; methodisch sinnvoll abschreiben 53
Frühling Teil C Seite 58–67	erzählen, informieren 58	Texte planen 59; Texte schreiben 60; Texte überarbeiten (Schreibtipps) 61; Texte präsentieren 61	Pronomen kennen und verwenden 62, 63	Rechtschreibstrategien verwenden: Merkwörter mit langem i 64; geübte, rechtschreibwichtige Wörter richtig schreiben 66, 67; methodisch sinnvoll abschreiben 67
Methodenheft	über Lernergebnisse sprechen 2; Lernergebnisse präsentieren 2; Begründungen geben 2; methodisch sinnvoll abschreiben 3; Übungsformen selbstständig nutzen 3; Texte auf Verständlichkeit und Wirkung überprüfen 4; Überarbeitungskriterien kennen 4; geübte, rechtschreibwichtige Wörter normgerecht schreiben 5; Übungsformen selbstständig nutzen 5; Texte mündlich präsentieren 5; Sprechen mimisch/gestisch unterstützen 6; Intonation vorbereiten 6; Wörter sammeln und ordnen 7; Wortfelder nutzen 7; Texte sprachlich optimieren 7; in Texten gezielt Informationen finden und wiedergeben 8; Lernergebnisse stichpunktartig notieren 8; Übungsformen selbstständig nutzen 9; methodisch sinnvoll abschreiben 9; Rechtschreibhilfen verwenden 10, 17; PC zum Schreiben verwenden und für Textgestaltung nutzen 11; Rechtschreibhilfe des PCs nutzen 11; Interview planen und durchführen 12; gemeinsam Vorhaben planen 12; Lernergebnisse präsentieren: Referat 13; Sachverhalte nachvollziehbar vortragen 13; Anschauungsmittel/Medien einsetzen 13; Anliegen gemeinsam diskutieren und klären 14; Gesprächsregeln beachten 14; Texte auf orthografische Richtigkeit überprüfen und korrigieren 15; Texte sprachlich optimieren 15; Texte mündlich präsentieren 16; Gedicht auswendig vortragen/Techniken des Auswendiglernens kennen 16; Texte überprüfen und korrigieren 17; unterschiedliche Planungsmethoden beim Entwerfen von Texten nutzen 18; Vorhaben in der Gruppe besprechen 18; PC zum Schreiben verwenden und zur Textgestaltung nutzen 19; mit Schrift gestalten 19			

ZIEL

Spielanleitung

Würfelt abwechselnd und setzt eure Spielsteine.
Wer auf ein farbiges Feld kommt, muss eine Aufgabe erfüllen.
Die Aufgabenkarten liest ein anderes Kind vor.
Es kontrolliert die Antworten.

● Du musst einen Auftrag von einer Aufgabenkarte erfüllen.

● Erkläre die Methode.

● Nenne ein Wort, zu dem dieses Strategiezeichen passt.

● Bei einer richtigen Antwort gleich noch einmal würfeln.

Am Computer schreiben und gestalten

Büchcrei

Wörter üben

Wer als Erstes im Ziel ist, hat gewonnen.

Schreibkonferenz

Nachschlagen

Ideen sammeln und aufschreiben

Gedicht auswendig lernen

Abschreiben

Willkommen in Klasse 3!

Hallo Quesel, wie geht es Dir? Ich freue mich schon ...

Post für Quesel

Das braucht ihr

• Würfel
• Spielfiguren
• Aufgabenkarten

START

Finde zu dem Verb **laufen** 4 vorangestellte Wortbausteine und erkläre die Bedeutung der Verben.

> z.B. verlaufen, einlaufen, ablaufen, vorlaufen

Nenne 3 Nomen, die denselben doppelten Selbstlaut haben.

> z.B. das Moor, der Zoo, das Moos

Aus welchen Nomen wurden diese Verben gebildet: **telefonieren**, **transportieren**, **kassieren**?

> das Telefon, der Transport, die Kasse

Bilde zu den Nomen Verben mit der Endung **-ieren**: Friseur, Alarm, Telefon, Probe.

> frisieren, alarmieren, telefonieren, probieren

Bilde möglichst viele Reime zu **Klee**. Achte auf den doppelten Selbstlaut.

> z.B. Klee – See – Tee – Schnee – Fee

Stelle die Satzglieder um. Wie viele Sätze kannst du bilden?
Quiesel trinkt gerne Milch.

> 4 Sätze

Nenne je 2 Nomen mit **-ung**, **-heit** und **-keit**.

> z.B. Zeitung, Begabung; Frechheit, Schönheit; Haltbarkeit, Heiterkeit

Nenne zu den Nomen **Freiheit** und **Entspannung** je ein Adjektiv und ein Verb.

> frei – befreien; entspannt – entspannen

Nenne 4 Nomen mit **V**, bei denen das V wie bei Vase klingt.

> z.B. die Veranda, die Vokabel, der Vulkan, das Vanilleeis

Was musst du tun, wenn du nicht weißt, ob ein Wort am Ende mit **s** oder **ß** geschrieben wird? Nenne 2 Beispiele.

> Rechtschreibstrategie: Verlängern
> z.B. Gruß – Grüße; Kreis – Kreise

Nenne 3 Wörter mit **ä**, die kein verwandtes Wort mit a haben.

> z.B. der Lärm, das Märchen, spät

Bilde 4 Sätze, die aus Subjekt und Prädikat bestehen.

> z.B. Die Tür klemmt. Der Hahn kräht.